PETER PAUPER PRESS
Fine Books and Gifts Since 1928

Our Company

In 1928, at the age of twenty-two, Peter Beilenson began printing books on a small press in the basement of his parents' home in Larchmont, New York. Peter—and later, his wife, Edna—sought to create fine books that sold at "prices even a pauper could afford."

Today, still family owned and operated, Peter Pauper Press continues to honor our founders' legacy—and our customers' expectations—of beauty, quality, and value.

Artwork by Nicola Gregory, courtesy of image-source.co.uk

Peter Pauper Press, Inc.
202 Mamaroneck Avenue
White Plains, NY 10601 USA

ISBN 978-1-4413-3843-3
Printed in China
7 6 5 4 3 2 1

Visit us at www.peterpauper.com

All moon phases, solstices, and equinoxes are based on Coordinated Universal Time (UTC). All religious holidays have been verified to the best of our ability; please be aware that certain holidays may be observed at different times in different regions. While we have made every effort to ensure the accuracy of the information presented in this calendar, we cannot be held liable for any errors, omissions, or inconsistencies.

2023

ENGAGEMENT CALENDAR

PETER PAUPER PRESS, INC.
White Plains, New York

SEPTEMBER 2022

S	M	T	W	T	F	S
				1	2	3
4	5	6	7	8	9	10
11	12	13	14	15	16	17
18	19	20	21	22	23	24
25	26	27	28	29	30	

OCTOBER 2022

S	M	T	W	T	F	S
						1
2	3	4	5	6	7	8
9	10	11	12	13	14	15
16	17	18	19	20	21	22
23	24	25	26	27	28	29
30	31					

NOVEMBER 2022

S	M	T	W	T	F	S
		1	2	3	4	5
6	7	8	9	10	11	12
13	14	15	16	17	18	19
20	21	22	23	24	25	26
27	28	29	30			

DECEMBER 2022

S	M	T	W	T	F	S
				1	2	3
4	5	6	7	8	9	10
11	12	13	14	15	16	17
18	19	20	21	22	23	24
25	26	27	28	29	30	31

JANUARY 2023

S	M	T	W	T	F	S
1	2	3	4	5	6	7
8	9	10	11	12	13	14
15	16	17	18	19	20	21
22	23	24	25	26	27	28
29	30	31				

FEBRUARY 2023

S	M	T	W	T	F	S
			1	2	3	4
5	6	7	8	9	10	11
12	13	14	15	16	17	18
19	20	21	22	23	24	25
26	27	28				

MARCH 2023

S	M	T	W	T	F	S
			1	2	3	4
5	6	7	8	9	10	11
12	13	14	15	16	17	18
19	20	21	22	23	24	25
26	27	28	29	30	31	

APRIL 2023

S	M	T	W	T	F	S
						1
2	3	4	5	6	7	8
9	10	11	12	13	14	15
16	17	18	19	20	21	22
23	24	25	26	27	28	29
30						

MAY 2023

S	M	T	W	T	F	S
	1	2	3	4	5	6
7	8	9	10	11	12	13
14	15	16	17	18	19	20
21	22	23	24	25	26	27
28	29	30	31			

JUNE 2023

S	M	T	W	T	F	S
				1	2	3
4	5	6	7	8	9	10
11	12	13	14	15	16	17
18	19	20	21	22	23	24
25	26	27	28	29	30	

JULY 2023

S	M	T	W	T	F	S
						1
2	3	4	5	6	7	8
9	10	11	12	13	14	15
16	17	18	19	20	21	22
23	24	25	26	27	28	29
30	31					

AUGUST 2023

S	M	T	W	T	F	S
		1	2	3	4	5
6	7	8	9	10	11	12
13	14	15	16	17	18	19
20	21	22	23	24	25	26
27	28	29	30	31		

SEPTEMBER 2023

S	M	T	W	T	F	S
					1	2
3	4	5	6	7	8	9
10	11	12	13	14	15	16
17	18	19	20	21	22	23
24	25	26	27	28	29	30

OCTOBER 2023

S	M	T	W	T	F	S
1	2	3	4	5	6	7
8	9	10	11	12	13	14
15	16	17	18	19	20	21
22	23	24	25	26	27	28
29	30	31				

NOVEMBER 2023

S	M	T	W	T	F	S
			1	2	3	4
5	6	7	8	9	10	11
12	13	14	15	16	17	18
19	20	21	22	23	24	25
26	27	28	29	30		

DECEMBER 2023

S	M	T	W	T	F	S
					1	2
3	4	5	6	7	8	9
10	11	12	13	14	15	16
17	18	19	20	21	22	23
24	25	26	27	28	29	30
31						

29 monday

Holiday (England, N. Ireland, Wales)

30 tuesday

31 wednesday

1 thursday

2 friday

3 saturday

First Quarter Moon ◐

4 sunday

Father's Day (Australia)

AUGUST 2022

S	M	T	W	T	F	S
	1	2	3	4	5	6
7	8	9	10	11	12	13
14	15	16	17	18	19	20
21	22	23	24	25	26	27
28	29	30	31			

SEPTEMBER 2022

S	M	T	W	T	F	S
				1	2	3
4	5	6	7	8	9	10
11	12	13	14	15	16	17
18	19	20	21	22	23	24
25	26	27	28	29	30	

5 monday

Labor Day (U.S., Canada)

6 tuesday

7 wednesday

Independence Day (Brazil)

8 thursday

9 friday

10 saturday

Full Moon ○

11 sunday

Grandparents Day (U.S.)
Patriot Day (U.S.)

SEPTEMBER 2022

S	M	T	W	T	F	S
				1	2	3
4	5	6	7	8	9	10
11	12	13	14	15	16	17
18	19	20	21	22	23	24
25	26	27	28	29	30	

OCTOBER 2022

S	M	T	W	T	F	S
						1
2	3	4	5	6	7	8
9	10	11	12	13	14	15
16	17	18	19	20	21	22
23/30	24/31	25	26	27	28	29

12 monday

13 tuesday

14 wednesday

15 thursday

Start of National Hispanic Heritage Month (U.S.)

16 friday

Constitution Day/Citizenship Day observed (U.S.)
Independence Day (Mexico)

17 saturday

Constitution Day/Citizenship Day (U.S.)
Last Quarter Moon ◑

18 sunday

SEPTEMBER 2022

S	M	T	W	T	F	S
				1	2	3
4	5	6	7	8	9	10
11	12	13	14	15	16	17
18	19	20	21	22	23	24
25	26	27	28	29	30	

OCTOBER 2022

S	M	T	W	T	F	S
						1
2	3	4	5	6	7	8
9	10	11	12	13	14	15
16	17	18	19	20	21	22
23/30	24/31	25	26	27	28	29

19 monday

20 tuesday

21 wednesday

International Day of Peace

22 thursday

23 friday

September Equinox

24 saturday

25 sunday

Rosh Hashanah (begins at sundown)

New Moon ●

SEPTEMBER 2022

S	M	T	W	T	F	S
				1	2	3
4	5	6	7	8	9	10
11	12	13	14	15	16	17
18	19	20	21	22	23	24
25	26	27	28	29	30	

OCTOBER 2022

S	M	T	W	T	F	S
						1
2	3	4	5	6	7	8
9	10	11	12	13	14	15
16	17	18	19	20	21	22
23/30	24/31	25	26	27	28	29

26 monday

27 tuesday

28 wednesday

29 thursday

30 friday

1 saturday

Start of Women's History Month (Canada)
Start of Black History Month (U.K.)

2 sunday

Daylight Saving Time begins (Australia)

SEPTEMBER 2022

S	M	T	W	T	F	S
				1	2	3
4	5	6	7	8	9	10
11	12	13	14	15	16	17
18	19	20	21	22	23	24
25	26	27	28	29	30	

OCTOBER 2022

S	M	T	W	T	F	S
						1
2	3	4	5	6	7	8
9	10	11	12	13	14	15
16	17	18	19	20	21	22
23/30	24/31	25	26	27	28	29

3 monday

Labour Day (Australia)
First Quarter Moon ◐

4 tuesday

Yom Kippur (begins at sundown)

5 wednesday

6 thursday

7 friday

8 saturday

9 sunday

Sukkot (begins at sundown)
Full Moon ○

OCTOBER 2022

S	M	T	W	T	F	S
						1
2	3	4	5	6	7	8
9	10	11	12	13	14	15
16	17	18	19	20	21	22
23/30	24/31	25	26	27	28	29

NOVEMBER 2022

S	M	T	W	T	F	S
		1	2	3	4	5
6	7	8	9	10	11	12
13	14	15	16	17	18	19
20	21	22	23	24	25	26
27	28	29	30			

10 monday

Columbus Day (U.S.)
Indigenous Peoples' Day (U.S.)
Thanksgiving Day (Canada)

11 tuesday

12 wednesday

Our Lady Aparecida/Children's Day (Brazil)

13 thursday

14 friday

15 saturday

16 sunday

OCTOBER 2022	S	M	T	W	T	F	S
							1
	2	3	4	5	6	7	8
	9	10	11	12	13	14	15
	16	17	18	19	20	21	22
	23/30	24/31	25	26	27	28	29

NOVEMBER 2022	S	M	T	W	T	F	S
			1	2	3	4	5
	6	7	8	9	10	11	12
	13	14	15	16	17	18	19
	20	21	22	23	24	25	26
	27	28	29	30			

17 monday

Simchat Torah (begins at sundown)
Last Quarter Moon ◑

18 tuesday

19 wednesday

20 thursday

21 friday

22 saturday

23 sunday

OCTOBER 2022

OCTOBER 2022	S	M	T	W	T	F	S
							1
	2	3	4	5	6	7	8
	9	10	11	12	13	14	15
	16	17	18	19	20	21	22
	23/30	24/31	25	26	27	28	29

NOVEMBER 2022	S	M	T	W	T	F	S
			1	2	3	4	5
	6	7	8	9	10	11	12
	13	14	15	16	17	18	19
	20	21	22	23	24	25	26
	27	28	29	30			

24 monday

United Nations Day
Labour Day (New Zealand)

25 tuesday

New Moon ●

26 wednesday

27 thursday

28 friday

29 saturday

30 sunday

British/European Summer Time ends

OCTOBER 2022	S	M	T	W	T	F	S
							1
	2	3	4	5	6	7	8
	9	10	11	12	13	14	15
	16	17	18	19	20	21	22
	23/30	24/31	25	26	27	28	29

NOVEMBER 2022	S	M	T	W	T	F	S
			1	2	3	4	5
	6	7	8	9	10	11	12
	13	14	15	16	17	18	19
	20	21	22	23	24	25	26
	27	28	29	30			

31 monday

Halloween

Holiday (Rep. of Ireland)

1 tuesday

All Saints' Day

First Quarter Moon ◐

2 wednesday

All Souls' Day

Take Our Kids to Work™ Day (Canada)

3 thursday

4 friday

5 saturday

Guy Fawkes Night (U.K.)

6 sunday

Daylight Saving Time ends (U.S., Canada)

OCTOBER 2022

S	M	T	W	T	F	S
						1
2	3	4	5	6	7	8
9	10	11	12	13	14	15
16	17	18	19	20	21	22
23/30	24/31	25	26	27	28	29

NOVEMBER 2022

S	M	T	W	T	F	S
		1	2	3	4	5
6	7	8	9	10	11	12
13	14	15	16	17	18	19
20	21	22	23	24	25	26
27	28	29	30			

7 monday

8 tuesday

Election Day (U.S.)
Full Moon ○

9 wednesday

10 thursday

11 friday

Veterans Day (U.S.)
Remembrance Day (Canada, U.K., Australia)
Armistice Day
Independence Day (Poland)

12 saturday

13 sunday

Remembrance Sunday (U.K.)

NOVEMBER 2022

S	M	T	W	T	F	S
		1	2	3	4	5
6	7	8	9	10	11	12
13	14	15	16	17	18	19
20	21	22	23	24	25	26
27	28	29	30			

DECEMBER 2022

S	M	T	W	T	F	S
				1	2	3
4	5	6	7	8	9	10
11	12	13	14	15	16	17
18	19	20	21	22	23	24
25	26	27	28	29	30	31

14 monday

15 tuesday

Republic Proclamation Day (Brazil)

16 wednesday

Last Quarter Moon ◑

17 thursday

18 friday

19 saturday

20 sunday

Universal Children's Day
Revolution Day (Mexico)

NOVEMBER 2022

S	M	T	W	T	F	S
		1	2	3	4	5
6	7	8	9	10	11	12
13	14	15	16	17	18	19
20	21	22	23	24	25	26
27	28	29	30			

DECEMBER 2022

S	M	T	W	T	F	S
				1	2	3
4	5	6	7	8	9	10
11	12	13	14	15	16	17
18	19	20	21	22	23	24
25	26	27	28	29	30	31

21 monday

Revolution Day observed (Mexico)

22 tuesday

23 wednesday

New Moon ●

24 thursday

Thanksgiving Day (U.S.)

25 friday

26 saturday

27 sunday

Advent begins

NOVEMBER 2022	S	M	T	W	T	F	S
			1	2	3	4	5
	6	7	8	9	10	11	12
	13	14	15	16	17	18	19
	20	21	22	23	24	25	26
	27	28	29	30			

DECEMBER 2022	S	M	T	W	T	F	S
					1	2	3
	4	5	6	7	8	9	10
	11	12	13	14	15	16	17
	18	19	20	21	22	23	24
	25	26	27	28	29	30	31

28 monday

29 tuesday

30 wednesday

St. Andrew's Day (Scotland)
First Quarter Moon ◐

1 thursday

World AIDS Day

2 friday

3 saturday

4 sunday

NOVEMBER 2022						
S	M	T	W	T	F	S
		1	2	3	4	5
6	7	8	9	10	11	12
13	14	15	16	17	18	19
20	21	22	23	24	25	26
27	28	29	30			

DECEMBER 2022						
S	M	T	W	T	F	S
				1	2	3
4	5	6	7	8	9	10
11	12	13	14	15	16	17
18	19	20	21	22	23	24
25	26	27	28	29	30	31

5 monday

6 tuesday

7 wednesday

Pearl Harbor Remembrance Day (U.S.)

8 thursday

Immaculate Conception
Full Moon ○

9 friday

10 saturday

Human Rights Day

11 sunday

DECEMBER 2022

S	M	T	W	T	F	S
				1	2	3
4	5	6	7	8	9	10
11	12	13	14	15	16	17
18	19	20	21	22	23	24
25	26	27	28	29	30	31

JANUARY 2023

S	M	T	W	T	F	S
1	2	3	4	5	6	7
8	9	10	11	12	13	14
15	16	17	18	19	20	21
22	23	24	25	26	27	28
29	30	31				

12 monday

13 tuesday

14 wednesday

15 thursday

16 friday

Last Quarter Moon ◑

17 saturday

18 sunday

Hanukkah (begins at sundown)

DECEMBER 2022

S	M	T	W	T	F	S
				1	2	3
4	5	6	7	8	9	10
11	12	13	14	15	16	17
18	19	20	21	22	23	24
25	26	27	28	29	30	31

JANUARY 2023

S	M	T	W	T	F	S
1	2	3	4	5	6	7
8	9	10	11	12	13	14
15	16	17	18	19	20	21
22	23	24	25	26	27	28
29	30	31				

19 monday

20 tuesday

21 wednesday

December Solstice

22 thursday

23 friday

New Moon ●

24 saturday

Christmas Eve

25 sunday

Christmas Day

DECEMBER 2022

S	M	T	W	T	F	S
				1	2	3
4	5	6	7	8	9	10
11	12	13	14	15	16	17
18	19	20	21	22	23	24
25	26	27	28	29	30	31

JANUARY 2023

S	M	T	W	T	F	S
1	2	3	4	5	6	7
8	9	10	11	12	13	14
15	16	17	18	19	20	21
22	23	24	25	26	27	28
29	30	31				

26 monday

Christmas Day observed
First Day of Kwanzaa
Boxing Day
Second Day of Christmas
St. Stephen's Day

27 tuesday

28 wednesday

29 thursday

30 friday

First Quarter Moon ◐

31 saturday

New Year's Eve

1 sunday

New Year's Day

DECEMBER 2022

S	M	T	W	T	F	S
				1	2	3
4	5	6	7	8	9	10
11	12	13	14	15	16	17
18	19	20	21	22	23	24
25	26	27	28	29	30	31

JANUARY 2023

S	M	T	W	T	F	S
1	2	3	4	5	6	7
8	9	10	11	12	13	14
15	16	17	18	19	20	21
22	23	24	25	26	27	28
29	30	31				

2 monday

New Year's Day observed (U.S., Canada, U.K., Australia, New Zealand)

3 tuesday

Holiday (Scotland, New Zealand)

4 wednesday

5 thursday

6 friday

Epiphany
Full Moon ○

7 saturday

Orthodox Christmas Day

8 sunday

JANUARY 2023

S	M	T	W	T	F	S
1	2	3	4	5	6	7
8	9	10	11	12	13	14
15	16	17	18	19	20	21
22	23	24	25	26	27	28
29	30	31				

FEBRUARY 2023

S	M	T	W	T	F	S
			1	2	3	4
5	6	7	8	9	10	11
12	13	14	15	16	17	18
19	20	21	22	23	24	25
26	27	28				

9 monday

10 tuesday

11 wednesday

12 thursday

13 friday

14 saturday

Orthodox New

15 sunday

Last Quarter Moon ◑

JANUARY 2023	S	M	T	W	T	F	S
	1	2	3	4	5	6	7
	8	9	10	11	12	13	14
	15	16	17	18	19	20	21
	22	23	24	25	26	27	28
	29	30	31				

FEBRUARY 2023	S	M	T	W	T	F	S
				1	2	3	4
	5	6	7	8	9	10	11
	12	13	14	15	16	17	18
	19	20	21	22	23	24	25
	26	27	28				

16 monday

Martin Luther King, Jr. Day (U.S.)

17 tuesday

18 wednesday

19 thursday

20 friday

21 saturday

New Moon ●

22 sunday

Lunar New Year begins (Year of the Rabbit)

JANUARY 2023

S	M	T	W	T	F	S
1	2	3	4	5	6	7
8	9	10	11	12	13	14
15	16	17	18	19	20	21
22	23	24	25	26	27	28
29	30	31				

FEBRUARY 2023

S	M	T	W	T	F	S
			1	2	3	4
5	6	7	8	9	10	11
12	13	14	15	16	17	18
19	20	21	22	23	24	25
26	27	28				

23 monday

24 tuesday

25 wednesday

Burns' Night (Scotland)

26 thursday

Australia Day

27 friday

International Holocaust Remembrance Day

28 saturday

First Quarter Moon ◐

29 sunday

JANUARY 2023

S	M	T	W	T	F	S
1	2	3	4	5	6	7
8	9	10	11	12	13	14
15	16	17	18	19	20	21
22	23	24	25	26	27	28
29	30	31				

FEBRUARY 2023

S	M	T	W	T	F	S
			1	2	3	4
5	6	7	8	9	10	11
12	13	14	15	16	17	18
19	20	21	22	23	24	25
26	27	28				

30 monday

31 tuesday

1 wednesday

Start of Black History Month (U.S., Canada)
National Freedom Day (U.S.)

2 thursday

Groundhog Day (U.S., Canada)

3 friday

4 saturday

5 sunday

Super Bowl Sunday (U.S.)
Constitution Day (Mexico)
Full Moon ○

JANUARY 2023

S	M	T	W	T	F	S
1	2	3	4	5	6	7
8	9	10	11	12	13	14
15	16	17	18	19	20	21
22	23	24	25	26	27	28
29	30	31				

FEBRUARY 2023

S	M	T	W	T	F	S
			1	2	3	4
5	6	7	8	9	10	11
12	13	14	15	16	17	18
19	20	21	22	23	24	25
26	27	28				

6 monday

Waitangi Day (New Zealand)
Constitution Day observed (Mexico)

7 tuesday

8 wednesday

9 thursday

10 friday

11 saturday

12 sunday

Lincoln's Birthday (U.S.)

FEBRUARY 2023

S	M	T	W	T	F	S
			1	2	3	4
5	6	7	8	9	10	11
12	13	14	15	16	17	18
19	20	21	22	23	24	25
26	27	28				

MARCH 2023

S	M	T	W	T	F	S
			1	2	3	4
5	6	7	8	9	10	11
12	13	14	15	16	17	18
19	20	21	22	23	24	25
26	27	28	29	30	31	

13 monday

Lincoln's Birthday observed (U.S.)
Last Quarter Moon ◑

14 tuesday

Valentine's Day

15 wednesday

16 thursday

17 friday

18 saturday

19 sunday

FEBRUARY 2023	S	M	T	W	T	F	S
				1	2	3	4
	5	6	7	8	9	10	11
	12	13	14	15	16	17	18
	19	20	21	22	23	24	25
	26	27	28				

MARCH 2023	S	M	T	W	T	F	S
				1	2	3	4
	5	6	7	8	9	10	11
	12	13	14	15	16	17	18
	19	20	21	22	23	24	25
	26	27	28	29	30	31	

20 monday

Presidents' Day/Washington's Birthday (U.S.)
New Moon ●

21 tuesday

Shrove Tuesday/Mardi Gras

22 wednesday

Ash Wednesday

23 thursday

24 friday

25 saturday

26 sunday

FEBRUARY 2023	S	M	T	W	T	F	S
				1	2	3	4
	5	6	7	8	9	10	11
	12	13	14	15	16	17	18
	19	20	21	22	23	24	25
	26	27	28				

MARCH 2023	S	M	T	W	T	F	S
				1	2	3	4
	5	6	7	8	9	10	11
	12	13	14	15	16	17	18
	19	20	21	22	23	24	25
	26	27	28	29	30	31	

27 monday

First Quarter Moon ◐

28 tuesday

1 wednesday

St. David's Day
Start of Women's History Month (U.S., U.K., Australia)

2 thursday

3 friday

4 saturday

5 sunday

FEBRUARY 2023

S	M	T	W	T	F	S
			1	2	3	4
5	6	7	8	9	10	11
12	13	14	15	16	17	18
19	20	21	22	23	24	25
26	27	28				

MARCH 2023

S	M	T	W	T	F	S
			1	2	3	4
5	6	7	8	9	10	11
12	13	14	15	16	17	18
19	20	21	22	23	24	25
26	27	28	29	30	31	

6 monday

Purim (begins at sundown)
Labour Day (Australia)

7 tuesday

Full Moon ○

8 wednesday

International Women's Day

9 thursday

10 friday

11 saturday

12 sunday

Daylight Saving Time begins (U.S., Canada)

MARCH 2023	S	M	T	W	T	F	S
				1	2	3	4
	5	6	7	8	9	10	11
	12	13	14	15	16	17	18
	19	20	21	22	23	24	25
	26	27	28	29	30	31	

APRIL 2023	S	M	T	W	T	F	S
							1
	2	3	4	5	6	7	8
	9	10	11	12	13	14	15
	16	17	18	19	20	21	22
	23/30	24	25	26	27	28	29

13 monday

Commonwealth Day (Canada, U.K., Australia)
Eight Hours Day/Labour Day (Australia)

14 tuesday

15 wednesday

Last Quarter Moon ◑

16 thursday

17 friday

St. Patrick's Day

18 saturday

19 sunday

Mother's Day (U.K., Rep. of Ireland)

MARCH 2023

S	M	T	W	T	F	S
			1	2	3	4
5	6	7	8	9	10	11
12	13	14	15	16	17	18
19	20	21	22	23	24	25
26	27	28	29	30	31	

APRIL 2023

S	M	T	W	T	F	S
						1
2	3	4	5	6	7	8
9	10	11	12	13	14	15
16	17	18	19	20	21	22
23/30	24	25	26	27	28	29

20 monday

March Equinox

21 tuesday

New Moon ●

22 wednesday

Ramadan (begins at sundown)

23 thursday

24 friday

25 saturday

26 sunday

British/European Summer Time begins

MARCH 2023

S	M	T	W	T	F	S
			1	2	3	4
5	6	7	8	9	10	11
12	13	14	15	16	17	18
19	20	21	22	23	24	25
26	27	28	29	30	31	

APRIL 2023

S	M	T	W	T	F	S
						1
2	3	4	5	6	7	8
9	10	11	12	13	14	15
16	17	18	19	20	21	22
23/30	24	25	26	27	28	29

27 monday

28 tuesday

29 wednesday

First Quarter Moon ◐

30 thursday

31 friday

1 saturday

April Fools' Day

2 sunday

Palm Sunday

Daylight Saving Time ends (Australia)

MARCH 2023

S	M	T	W	T	F	S
			1	2	3	4
5	6	7	8	9	10	11
12	13	14	15	16	17	18
19	20	21	22	23	24	25
26	27	28	29	30	31	

APRIL 2023

S	M	T	W	T	F	S
						1
2	3	4	5	6	7	8
9	10	11	12	13	14	15
16	17	18	19	20	21	22
23/30	24	25	26	27	28	29

3 monday

4 tuesday

5 wednesday

Passover (begins at sundown)

6 thursday

Full Moon ○

7 friday

Good Friday

8 saturday

9 sunday

Easter Sunday

APRIL 2023

S	M	T	W	T	F	S
						1
2	3	4	5	6	7	8
9	10	11	12	13	14	15
16	17	18	19	20	21	22
23/30	24	25	26	27	28	29

MAY 2023

S	M	T	W	T	F	S
	1	2	3	4	5	6
7	8	9	10	11	12	13
14	15	16	17	18	19	20
21	22	23	24	25	26	27
28	29	30	31			

10 monday

Easter Monday

11 tuesday

12 wednesday

13 thursday

Last Quarter Moon ◑

14 friday

Orthodox Good Friday

15 saturday

Orthodox Holy Saturday

16 sunday

Orthodox Easter

APRIL 2023

S	M	T	W	T	F	S
						1
2	3	4	5	6	7	8
9	10	11	12	13	14	15
16	17	18	19	20	21	22
23/30	24	25	26	27	28	29

MAY 2023

S	M	T	W	T	F	S
	1	2	3	4	5	6
7	8	9	10	11	12	13
14	15	16	17	18	19	20
21	22	23	24	25	26	27
28	29	30	31			

17 monday

Laylat al-Qadr (begins at sundown)
Orthodox Easter Monday
Holocaust Remembrance Day (begins at sundown)

18 tuesday

Income Tax Due (U.S.)

19 wednesday

20 thursday

New Moon ●

21 friday

Eid al-Fitr (begins at sundown)
Tiradentes Day (Brazil)

22 saturday

Earth Day

23 sunday

National Library Week begins (U.S.)
Shakespeare Day (U.K.)
St. George's Day (U.K.)

APRIL 2023

APRIL 2023	S	M	T	W	T	F	S
							1
	2	3	4	5	6	7	8
	9	10	11	12	13	14	15
	16	17	18	19	20	21	22
	23/30	24	25	26	27	28	29

MAY 2023	S	M	T	W	T	F	S
		1	2	3	4	5	6
	7	8	9	10	11	12	13
	14	15	16	17	18	19	20
	21	22	23	24	25	26	27
	28	29	30	31			

24 monday

St. George's Day (Canada)

25 tuesday

ANZAC Day (Australia, New Zealand)

26 wednesday

Administrative Professionals Day (U.S.)

27 thursday

Take Our Daughters and Sons to Work® Day (U.S.)
King's Birthday (Netherlands)
First Quarter Moon ◐

28 friday

Arbor Day (U.S.)

29 saturday

30 sunday

APRIL 2023

S	M	T	W	T	F	S
						1
2	3	4	5	6	7	8
9	10	11	12	13	14	15
16	17	18	19	20	21	22
23/30	24	25	26	27	28	29

MAY 2023

S	M	T	W	T	F	S
	1	2	3	4	5	6
7	8	9	10	11	12	13
14	15	16	17	18	19	20
21	22	23	24	25	26	27
28	29	30	31			

1 monday

May Day
Holiday (U.K., Rep. of Ireland)
Labour Day/May Day (Australia)

2 tuesday

3 wednesday

Constitution Day (Poland)

4 thursday

5 friday

Cinco de Mayo (U.S., Mexico)
Liberation Day (Netherlands)
Full Moon ○

6 saturday

7 sunday

Teacher Appreciation Week begins (U.S.)

MAY 2023

S	M	T	W	T	F	S
	1	2	3	4	5	6
7	8	9	10	11	12	13
14	15	16	17	18	19	20
21	22	23	24	25	26	27
28	29	30	31			

JUNE 2023

S	M	T	W	T	F	S
				1	2	3
4	5	6	7	8	9	10
11	12	13	14	15	16	17
18	19	20	21	22	23	24
25	26	27	28	29	30	

8 monday

9 tuesday

10 wednesday

11 thursday

12 friday

International Nurses Day
Last Quarter Moon ◑

13 saturday

14 sunday

Mother's Day (U.S., Canada, Australia)

MAY 2023

S	M	T	W	T	F	S
	1	2	3	4	5	6
7	8	9	10	11	12	13
14	15	16	17	18	19	20
21	22	23	24	25	26	27
28	29	30	31			

JUNE 2023

S	M	T	W	T	F	S
				1	2	3
4	5	6	7	8	9	10
11	12	13	14	15	16	17
18	19	20	21	22	23	24
25	26	27	28	29	30	

15 monday

16 tuesday

17 wednesday

18 thursday

Ascension Day

19 friday

New Moon ●

20 saturday

Armed Forces Day (U.S.)

21 sunday

MAY 2023

S	M	T	W	T	F	S
	1	2	3	4	5	6
7	8	9	10	11	12	13
14	15	16	17	18	19	20
21	22	23	24	25	26	27
28	29	30	31			

JUNE 2023

S	M	T	W	T	F	S
				1	2	3
4	5	6	7	8	9	10
11	12	13	14	15	16	17
18	19	20	21	22	23	24
25	26	27	28	29	30	

22 monday

Victoria Day (Canada)

23 tuesday

24 wednesday

25 thursday

Shavuot (begins at sundown)

26 friday

27 saturday

First Quarter Moon ◐

28 sunday

Pentecost (Whit Sunday)

MAY 2023

S	M	T	W	T	F	S
	1	2	3	4	5	6
7	8	9	10	11	12	13
14	15	16	17	18	19	20
21	22	23	24	25	26	27
28	29	30	31			

JUNE 2023

S	M	T	W	T	F	S
				1	2	3
4	5	6	7	8	9	10
11	12	13	14	15	16	17
18	19	20	21	22	23	24
25	26	27	28	29	30	

29 monday

Whit Monday
Memorial Day (U.S.)
Holiday (U.K.)

30 tuesday

31 wednesday

1 thursday

2 friday

3 saturday

4 sunday

Full Moon ○

MAY 2023

S	M	T	W	T	F	S
	1	2	3	4	5	6
7	8	9	10	11	12	13
14	15	16	17	18	19	20
21	22	23	24	25	26	27
28	29	30	31			

JUNE 2023

S	M	T	W	T	F	S
				1	2	3
4	5	6	7	8	9	10
11	12	13	14	15	16	17
18	19	20	21	22	23	24
25	26	27	28	29	30	

5 monday

World Environment Day
Holiday (Rep. of Ireland)
Queen's Birthday (New Zealand)

6 tuesday

D-Day

7 wednesday

8 thursday

Corpus Christi

9 friday

10 saturday

Last Quarter Moon ◑

11 sunday

JUNE 2023

S	M	T	W	T	F	S
				1	2	3
4	5	6	7	8	9	10
11	12	13	14	15	16	17
18	19	20	21	22	23	24
25	26	27	28	29	30	

JULY 2023

S	M	T	W	T	F	S
						1
2	3	4	5	6	7	8
9	10	11	12	13	14	15
16	17	18	19	20	21	22
23/30	24/31	25	26	27	28	29

12 monday

Queen's Birthday (Australia)

13 tuesday

14 wednesday

Flag Day (U.S.)

15 thursday

16 friday

17 saturday

18 sunday

Father's Day (U.S., Canada, U.K.)
New Moon ●

JUNE 2023

S	M	T	W	T	F	S
				1	2	3
4	5	6	7	8	9	10
11	12	13	14	15	16	17
18	19	20	21	22	23	24
25	26	27	28	29	30	

JULY 2023

S	M	T	W	T	F	S
						1
2	3	4	5	6	7	8
9	10	11	12	13	14	15
16	17	18	19	20	21	22
23/30	24/31	25	26	27	28	29

19 monday

Juneteenth (U.S.)

20 tuesday

21 wednesday

June Solstice

22 thursday

23 friday

24 saturday

25 sunday

JUNE 2023

JUNE 2023	S	M	T	W	T	F	S
					1	2	3
	4	5	6	7	8	9	10
	11	12	13	14	15	16	17
	18	19	20	21	22	23	24
	25	26	27	28	29	30	

JULY 2023	S	M	T	W	T	F	S
							1
	2	3	4	5	6	7	8
	9	10	11	12	13	14	15
	16	17	18	19	20	21	22
	23/30	24/31	25	26	27	28	29

26 monday

First Quarter Moon ◐

27 tuesday

28 wednesday

Eid al-Adha (begins at sundown)

29 thursday

30 friday

1 saturday

Canada Day

2 sunday

NAIDOC Week begins (Australia)

JUNE 2023

S	M	T	W	T	F	S
				1	2	3
4	5	6	7	8	9	10
11	12	13	14	15	16	17
18	19	20	21	22	23	24
25	26	27	28	29	30	

JULY 2023

S	M	T	W	T	F	S
						1
2	3	4	5	6	7	8
9	10	11	12	13	14	15
16	17	18	19	20	21	22
23/30	24/31	25	26	27	28	29

3 monday

Full Moon ○

4 tuesday

Independence Day (U.S.)

5 wednesday

6 thursday

7 friday

8 saturday

9 sunday

JULY 2023

S	M	T	W	T	F	S
						1
2	3	4	5	6	7	8
9	10	11	12	13	14	15
16	17	18	19	20	21	22
23/30	24/31	25	26	27	28	29

AUGUST 2023

S	M	T	W	T	F	S
		1	2	3	4	5
6	7	8	9	10	11	12
13	14	15	16	17	18	19
20	21	22	23	24	25	26
27	28	29	30	31		

10 monday

Last Quarter Moon ◑

11 tuesday

12 wednesday

Holiday (N. Ireland)

13 thursday

14 friday

Bastille Day (France)

15 saturday

16 sunday

JULY 2023

S	M	T	W	T	F	S
						1
2	3	4	5	6	7	8
9	10	11	12	13	14	15
16	17	18	19	20	21	22
23/30	24/31	25	26	27	28	29

AUGUST 2023

S	M	T	W	T	F	S
		1	2	3	4	5
6	7	8	9	10	11	12
13	14	15	16	17	18	19
20	21	22	23	24	25	26
27	28	29	30	31		

17 monday

New Moon ●

18 tuesday

Al-Hijra (begins at sundown)

19 wednesday

20 thursday

21 friday

22 saturday

23 sunday

Parents' Day (U.S.)

JULY 2023

S	M	T	W	T	F	S
						1
2	3	4	5	6	7	8
9	10	11	12	13	14	15
16	17	18	19	20	21	22
23/30	24/31	25	26	27	28	29

AUGUST 2023

S	M	T	W	T	F	S
		1	2	3	4	5
6	7	8	9	10	11	12
13	14	15	16	17	18	19
20	21	22	23	24	25	26
27	28	29	30	31		

24 monday

25 tuesday

First Quarter Moon ◐

26 wednesday

27 thursday

Ashura (begins at sundown)

28 friday

29 saturday

30 sunday

International Day of Friendship

JULY 2023

S	M	T	W	T	F	S
						1
2	3	4	5	6	7	8
9	10	11	12	13	14	15
16	17	18	19	20	21	22
23/30	24/31	25	26	27	28	29

AUGUST 2023

S	M	T	W	T	F	S
		1	2	3	4	5
6	7	8	9	10	11	12
13	14	15	16	17	18	19
20	21	22	23	24	25	26
27	28	29	30	31		

31 monday

1 tuesday

Full Moon ○

2 wednesday

3 thursday

4 friday

5 saturday

6 sunday

Friendship Day (U.S.)

JULY 2023

S	M	T	W	T	F	S
						1
2	3	4	5	6	7	8
9	10	11	12	13	14	15
16	17	18	19	20	21	22
23/30	24/31	25	26	27	28	29

AUGUST 2023

S	M	T	W	T	F	S
		1	2	3	4	5
6	7	8	9	10	11	12
13	14	15	16	17	18	19
20	21	22	23	24	25	26
27	28	29	30	31		

7 monday

Holiday (Canada, Scotland, Rep. of Ireland)

8 tuesday

Last Quarter Moon ◑

9 wednesday

10 thursday

11 friday

12 saturday

International Youth Day

13 sunday

AUGUST 2023

S	M	T	W	T	F	S
		1	2	3	4	5
6	7	8	9	10	11	12
13	14	15	16	17	18	19
20	21	22	23	24	25	26
27	28	29	30	31		

SEPTEMBER 2023

S	M	T	W	T	F	S
					1	2
3	4	5	6	7	8	9
10	11	12	13	14	15	16
17	18	19	20	21	22	23
24	25	26	27	28	29	30

14 monday

15 tuesday

Assumption Day

16 wednesday

New Moon ●

17 thursday

18 friday

19 saturday

20 sunday

AUGUST 2023

S	M	T	W	T	F	S
		1	2	3	4	5
6	7	8	9	10	11	12
13	14	15	16	17	18	19
20	21	22	23	24	25	26
27	28	29	30	31		

SEPTEMBER 2023

S	M	T	W	T	F	S
					1	2
3	4	5	6	7	8	9
10	11	12	13	14	15	16
17	18	19	20	21	22	23
24	25	26	27	28	29	30

21 monday

Senior Citizens Day (U.S.)

22 tuesday

23 wednesday

24 thursday

First Quarter Moon ◐

25 friday

26 saturday

Women's Equality Day (U.S.)

27 sunday

AUGUST 2023

S	M	T	W	T	F	S
		1	2	3	4	5
6	7	8	9	10	11	12
13	14	15	16	17	18	19
20	21	22	23	24	25	26
27	28	29	30	31		

SEPTEMBER 2023

S	M	T	W	T	F	S
					1	2
3	4	5	6	7	8	9
10	11	12	13	14	15	16
17	18	19	20	21	22	23
24	25	26	27	28	29	30

28 monday

Holiday (England, N. Ireland, Wales)

29 tuesday

30 wednesday

31 thursday

Full Moon ○

1 friday

2 saturday

3 sunday

Father's Day (Australia)

AUGUST 2023

S	M	T	W	T	F	S
		1	2	3	4	5
6	7	8	9	10	11	12
13	14	15	16	17	18	19
20	21	22	23	24	25	26
27	28	29	30	31		

SEPTEMBER 2023

S	M	T	W	T	F	S
					1	2
3	4	5	6	7	8	9
10	11	12	13	14	15	16
17	18	19	20	21	22	23
24	25	26	27	28	29	30

4 monday

Labor Day (U.S., Canada)

5 tuesday

6 wednesday

Last Quarter Moon ◑

7 thursday

Independence Day (Brazil)

8 friday

9 saturday

10 sunday

Grandparents Day (U.S.)

SEPTEMBER 2023

S	M	T	W	T	F	S
					1	2
3	4	5	6	7	8	9
10	11	12	13	14	15	16
17	18	19	20	21	22	23
24	25	26	27	28	29	30

OCTOBER 2023

S	M	T	W	T	F	S
1	2	3	4	5	6	7
8	9	10	11	12	13	14
15	16	17	18	19	20	21
22	23	24	25	26	27	28
29	30	31				

11 monday

Patriot Day (U.S.)

12 tuesday

13 wednesday

14 thursday

15 friday

Rosh Hashanah (begins at sundown)
Start of National Hispanic Heritage Month (U.S.)
New Moon ●

16 saturday

Independence Day (Mexico)

17 sunday

Constitution Day/Citizenship Day (U.S.)

SEPTEMBER 2023

S	M	T	W	T	F	S
					1	2
3	4	5	6	7	8	9
10	11	12	13	14	15	16
17	18	19	20	21	22	23
24	25	26	27	28	29	30

OCTOBER 2023

S	M	T	W	T	F	S
1	2	3	4	5	6	7
8	9	10	11	12	13	14
15	16	17	18	19	20	21
22	23	24	25	26	27	28
29	30	31				

18 monday

Constitution Day/Citizenship Day observed (U.S.)

19 tuesday

20 wednesday

21 thursday

International Day of Peace

22 friday

First Quarter Moon ◐

23 saturday

September Equinox

24 sunday

Yom Kippur (begins at sundown)

SEPTEMBER 2023

S	M	T	W	T	F	S
					1	2
3	4	5	6	7	8	9
10	11	12	13	14	15	16
17	18	19	20	21	22	23
24	25	26	27	28	29	30

OCTOBER 2023

S	M	T	W	T	F	S
1	2	3	4	5	6	7
8	9	10	11	12	13	14
15	16	17	18	19	20	21
22	23	24	25	26	27	28
29	30	31				

25 monday

26 tuesday

27 wednesday

28 thursday

29 friday

Sukkot (begins at sundown)
Full Moon ○

30 saturday

1 sunday

Start of Women's History Month (Canada)
Start of Black History Month (U.K.)
Daylight Saving Time begins (Australia)

SEPTEMBER 2023

S	M	T	W	T	F	S
					1	2
3	4	5	6	7	8	9
10	11	12	13	14	15	16
17	18	19	20	21	22	23
24	25	26	27	28	29	30

OCTOBER 2023

S	M	T	W	T	F	S
1	2	3	4	5	6	7
8	9	10	11	12	13	14
15	16	17	18	19	20	21
22	23	24	25	26	27	28
29	30	31				

2 monday

Labour Day (Australia)

3 tuesday

4 wednesday

5 thursday

6 friday

Last Quarter Moon ◑

7 saturday

Simchat Torah (begins at sundown)

8 sunday

OCTOBER 2023

S	M	T	W	T	F	S
1	2	3	4	5	6	7
8	9	10	11	12	13	14
15	16	17	18	19	20	21
22	23	24	25	26	27	28
29	30	31				

NOVEMBER 2023

S	M	T	W	T	F	S
			1	2	3	4
5	6	7	8	9	10	11
12	13	14	15	16	17	18
19	20	21	22	23	24	25
26	27	28	29	30		

9 monday

Columbus Day (U.S.)
Indigenous Peoples' Day (U.S.)
Thanksgiving Day (Canada)

10 tuesday

11 wednesday

12 thursday

Our Lady Aparecida/Children's Day (Brazil)

13 friday

14 saturday

New Moon ●

15 sunday

OCTOBER 2023

S	M	T	W	T	F	S
1	2	3	4	5	6	7
8	9	10	11	12	13	14
15	16	17	18	19	20	21
22	23	24	25	26	27	28
29	30	31				

NOVEMBER 2023

S	M	T	W	T	F	S
			1	2	3	4
5	6	7	8	9	10	11
12	13	14	15	16	17	18
19	20	21	22	23	24	25
26	27	28	29	30		

16 monday

17 tuesday

18 wednesday

19 thursday

20 friday

21 saturday

22 sunday

First Quarter Moon ◐

OCTOBER 2023

OCTOBER 2023	S	M	T	W	T	F	S
	1	2	3	4	5	6	7
	8	9	10	11	12	13	14
	15	16	17	18	19	20	21
	22	23	24	25	26	27	28
	29	30	31				

NOVEMBER 2023	S	M	T	W	T	F	S
				1	2	3	4
	5	6	7	8	9	10	11
	12	13	14	15	16	17	18
	19	20	21	22	23	24	25
	26	27	28	29	30		

23 monday

Labour Day (New Zealand)

24 tuesday

United Nations Day

25 wednesday

26 thursday

27 friday

28 saturday

Full Moon ○

29 sunday

British/European Summer Time ends

OCTOBER 2023

S	M	T	W	T	F	S
1	2	3	4	5	6	7
8	9	10	11	12	13	14
15	16	17	18	19	20	21
22	23	24	25	26	27	28
29	30	31				

NOVEMBER 2023

S	M	T	W	T	F	S
			1	2	3	4
5	6	7	8	9	10	11
12	13	14	15	16	17	18
19	20	21	22	23	24	25
26	27	28	29	30		

30 monday

Holiday (Rep. of Ireland)

31 tuesday

Halloween

1 wednesday

All Saints' Day

Take Our Kids to Work™ Day (Canada)

2 thursday

All Souls' Day

3 friday

4 saturday

5 sunday

Daylight Saving Time ends (U.S., Canada)
Guy Fawkes Night (U.K.)
Last Quarter Moon ◑

OCTOBER 2023

S	M	T	W	T	F	S
1	2	3	4	5	6	7
8	9	10	11	12	13	14
15	16	17	18	19	20	21
22	23	24	25	26	27	28
29	30	31				

NOVEMBER 2023

S	M	T	W	T	F	S
			1	2	3	4
5	6	7	8	9	10	11
12	13	14	15	16	17	18
19	20	21	22	23	24	25
26	27	28	29	30		

6 monday

7 tuesday

Election Day (U.S.)

8 wednesday

9 thursday

10 friday

Veterans Day observed (U.S.)

11 saturday

Veterans Day (U.S.)
Remembrance Day (Canada, U.K., Australia)
Armistice Day
Independence Day (Poland)

12 sunday

Remembrance Sunday (U.K.)

NOVEMBER 2023

S	M	T	W	T	F	S
			1	2	3	4
5	6	7	8	9	10	11
12	13	14	15	16	17	18
19	20	21	22	23	24	25
26	27	28	29	30		

DECEMBER 2023

S	M	T	W	T	F	S
					1	2
3	4	5	6	7	8	9
10	11	12	13	14	15	16
17	18	19	20	21	22	23
24/31	25	26	27	28	29	30

13 monday

New Moon ●

14 tuesday

15 wednesday

Republic Proclamation Day (Brazil)

16 thursday

17 friday

18 saturday

19 sunday

NOVEMBER 2023

S	M	T	W	T	F	S
			1	2	3	4
5	6	7	8	9	10	11
12	13	14	15	16	17	18
19	20	21	22	23	24	25
26	27	28	29	30		

DECEMBER 2023

S	M	T	W	T	F	S
					1	2
3	4	5	6	7	8	9
10	11	12	13	14	15	16
17	18	19	20	21	22	23
24/31	25	26	27	28	29	30

20 monday

Universal Children's Day
Revolution Day (Mexico)
First Quarter Moon ◐

21 tuesday

22 wednesday

23 thursday

Thanksgiving Day (U.S.)

24 friday

25 saturday

26 sunday

NOVEMBER 2023

NOVEMBER 2023	S	M	T	W	T	F	S
				1	2	3	4
	5	6	7	8	9	10	11
	12	13	14	15	16	17	18
	19	20	21	22	23	24	25
	26	27	28	29	30		

DECEMBER 2023	S	M	T	W	T	F	S
						1	2
	3	4	5	6	7	8	9
	10	11	12	13	14	15	16
	17	18	19	20	21	22	23
	24/31	25	26	27	28	29	30

27 monday

Full Moon ○

28 tuesday

29 wednesday

30 thursday

St. Andrew's Day (Scotland)

1 friday

World AIDS Day

2 saturday

3 sunday

Advent begins

NOVEMBER 2023

S	M	T	W	T	F	S
			1	2	3	4
5	6	7	8	9	10	11
12	13	14	15	16	17	18
19	20	21	22	23	24	25
26	27	28	29	30		

DECEMBER 2023

S	M	T	W	T	F	S
					1	2
3	4	5	6	7	8	9
10	11	12	13	14	15	16
17	18	19	20	21	22	23
24/31	25	26	27	28	29	30

4 monday

5 tuesday

Last Quarter Moon ◑

6 wednesday

7 thursday

Hanukkah (begins at sundown)
Pearl Harbor Remembrance Day (U.S.)

8 friday

Immaculate Conception

9 saturday

10 sunday

Human Rights Day

DECEMBER 2023

S	M	T	W	T	F	S
					1	2
3	4	5	6	7	8	9
10	11	12	13	14	15	16
17	18	19	20	21	22	23
24/31	25	26	27	28	29	30

JANUARY 2024

S	M	T	W	T	F	S
	1	2	3	4	5	6
7	8	9	10	11	12	13
14	15	16	17	18	19	20
21	22	23	24	25	26	27
28	29	30	31			

11 monday

12 tuesday

New Moon ●

13 wednesday

14 thursday

15 friday

16 saturday

17 sunday

DECEMBER 2023

	S	M	T	W	T	F	S
DECEMBER 2023						1	2
	3	4	5	6	7	8	9
	10	11	12	13	14	15	16
	17	18	19	20	21	22	23
	24/31	25	26	27	28	29	30

	S	M	T	W	T	F	S
JANUARY 2024		1	2	3	4	5	6
	7	8	9	10	11	12	13
	14	15	16	17	18	19	20
	21	22	23	24	25	26	27
	28	29	30	31			

DECEMBER 2023

18 monday

19 tuesday

First Quarter Moon ◐

20 wednesday

21 thursday

22 friday

December Solstice

23 saturday

24 sunday

Christmas Eve

DECEMBER 2023						
S	M	T	W	T	F	S
					1	2
3	4	5	6	7	8	9
10	11	12	13	14	15	16
17	18	19	20	21	22	23
24/31	25	26	27	28	29	30

JANUARY 2024						
S	M	T	W	T	F	S
	1	2	3	4	5	6
7	8	9	10	11	12	13
14	15	16	17	18	19	20
21	22	23	24	25	26	27
28	29	30	31			

25 monday

Christmas Day

26 tuesday

First Day of Kwanzaa
Boxing Day
Second Day of Christmas
St. Stephen's Day

27 wednesday

Full Moon ○

28 thursday

29 friday

30 saturday

31 sunday

New Year's Eve

DECEMBER 2023

S	M	T	W	T	F	S
					1	2
3	4	5	6	7	8	9
10	11	12	13	14	15	16
17	18	19	20	21	22	23
24/31	25	26	27	28	29	30

JANUARY 2024

S	M	T	W	T	F	S
	1	2	3	4	5	6
7	8	9	10	11	12	13
14	15	16	17	18	19	20
21	22	23	24	25	26	27
28	29	30	31			

Name

Address

Home

Mobile

Work/Fax

E-mail

Name

Address

Home

Mobile

Work/Fax

E-mail

Name

Address

Home

Mobile

Work/Fax

E-mail

Name

Address

Home

Mobile

Work/Fax

E-mail

Name

Address

Home

Mobile

Work/Fax

E-mail

Name

Address

Home

Mobile

Work/Fax

E-mail

Name

Address

Home

Mobile

Work/Fax

E-mail

Name

Address

Home

Mobile

Work/Fax

E-mail

Name

Address

Home

Mobile

Work/Fax

E-mail

Name
Address

Home
Mobile
Work/Fax
E-mail

Name
Address

Home
Mobile
Work/Fax
E-mail

Name
Address

Home
Mobile
Work/Fax
E-mail

Name

Address

Home

Mobile

Work/Fax

E-mail

Name

Address

Home

Mobile

Work/Fax

E-mail

Name

Address

Home

Mobile

Work/Fax

E-mail

Name

Address

Home

Mobile

Work/Fax

E-mail

Name

Address

Home

Mobile

Work/Fax

E-mail

Name

Address

Home

Mobile

Work/Fax

E-mail

Name

Address

Home

Mobile

Work/Fax

E-mail

Name

Address

Home

Mobile

Work/Fax

E-mail

Name

Address

Home

Mobile

Work/Fax

E-mail

NOTES

BIRTHDAYS, ANNIVERSARIES, AND DATES TO REMEMBER

BIRTHDAYS, ANNIVERSARIES, AND DATES TO REMEMBER

BIRTHDAYS, ANNIVERSARIES, AND DATES TO REMEMBER